KB212957

大方廣佛華嚴經 讀誦

11

🪷 일러두기

1. 『독송본 한문·한글역 대방광불화엄경』은 실차난타가 한역(695~699)한 80권 『대방광불화엄경』의 한문 원문과 한글역을 함께 수록한 것이다. 한문에는 음사와 현토를 부기하였다.

2. 원문의 저본은 고종 2년(1865) 월정사에서 인경한 고려대장경 『대방광불화엄경』에 한암 스님이 현토(1949년)한 것을 범룡 스님이 영인 출판(1990년)한 『대방광불화엄경』이다.

3. 한문은 저본에서 누락되었거나 글자가 다르다고 판단된 부분은 저본인 고려대장경 각권의 말미에 교감되어 있는 내용을 중심으로 하고 봉은사판 『대방광불화엄경수소연의초』와 신수대장경 각주에서 밝힌 교감본을 참조하여 보입하고 수정하였다.

4. 한글 번역은 동국역경원에서 발간한 한글 『대방광불화엄경』(운허)을 중심으로 하고 『신화엄경합론』(탄허)과 『대방광불화엄경 강설』(여천무비) 그리고 최근의 여타 번역본 등을 참조하였다.

5. 저본의 원문에서 이체자의 경우 훈글이 제공하는 이체자는 그대로 살리고 훈글이 제공하지 않는 글자는 통용되는 정자로 바꾸었다. 예) 閒 → 閒 / 焰 → 燄 / 宫 → 宮 / 偁 → 稱

6. 한글 번역은 독송과 사경을 위하여 정확성과 아울러 가독성을 고려하였다. 극존칭은 부처님과 불경계에 대해서만 사용하였다.

7. 독송본의 차례는 일러두기 → 본문 → 화엄경 목차 → 간행사의 순차이다.
   (법공양판에는 간행사 다음에 간행불사 동참자를 밝혀 두었다.)

8. 독송본의 한글역은 사경의 편의를 도모하기 위해 그 편집을 달리하여 『사경본 한글역 대방광불화엄경』으로 함께 간행한다. 독송본과 사경본 모두 80권 『대방광불화엄경』의 권별 목차 순으로 간행한다.

독송본 한문 · 한글역

대방광불화엄경 제11권

大方廣佛華嚴經 卷第十一

6. 비로자나품
毗盧遮那品 第六

실차난타 한역
수미해주 한글역

大方廣佛華嚴經卷第十一變相

毗盧遮那品第六

周

대방광불화엄경 제11권 변상도

대방광불화엄경
제11권

6. 비로자나품

대방광불화엄경 권제십일
大方廣佛華嚴經 卷第十一

비로자나품 제육
毗盧遮那品 第六

이시　보현보살　부고대중언
爾時에 普賢菩薩이 復告大衆言하니라

제불자　내왕고세　과세계미진수겁　부배
諸佛子야 乃往古世에 過世界微塵數劫과 復倍

시수　유세계해　명보문정광명
是數하야 有世界海하니 名普門淨光明이니라

대방광불화엄경 제11권

6. 비로자나품

그때에 보현보살이 다시 대중들에게 말씀하였다.

"모든 불자들이여, 지나간 옛적에 세계 미진수의 겁을 지나고 또 그 곱을 지나서, 세계해가 있었으니 이름이 보문정광명이다.

차세계해중　　유세계　　　명승음　　　의마니화
此世界海中에　有世界하니　名勝音이라　依摩尼華

망해주　　　수미산미진수세계　　이위권속
網海住하야　須彌山微塵數世界로　而爲眷屬하니라

기형　　정원　　　기지　　구유무량장엄　　　삼백
其形이　正圓하고　其地에　具有無量莊嚴하며　三百

중중보수윤위산　　소공위요　　　일체보운
重衆寶樹輪圍山이　所共圍遶요　一切寶雲으로

이부기상　　　청정무구　　　광명조요
而覆其上이라　淸淨無垢하야　光明照耀하니라

성읍궁전　　여수미산　　의복음식　　수념이
城邑宮殿이　如須彌山하고　衣服飮食이　隨念而

지　　기겁명　　왈종종장엄
至하니　其劫名은　曰種種莊嚴이니라

이 세계해 가운데 세계가 있으니 이름이 승음이다. 마니 꽃 그물바다를 의지하여 머무르며 수미산 미진수의 세계로 권속을 삼았다.

그 형상이 아주 둥글고 그 땅에 한량없는 장엄이 갖추어져 있으며 삼백 겹의 온갖 보배 나무 윤위산이 함께 둘러쌌다. 일체 보배구름이 그 위를 덮어서 청정하여 때가 없고 광명이 비치었다.

성읍과 궁전이 수미산과 같고, 의복과 음식이 생각하는 대로 이르니, 그 겁의 이름은 종종장엄이다.

제불자　피승음세계중　　유향수해　　　명청
諸佛子야 彼勝音世界中에 有香水海하니 名清

정광명　　　기해중　　유대연화수미산　출현
淨光明이요 其海中에 有大蓮華須彌山이 出現하니

명화염보장엄당　　　십보난순　주잡위요
名華燄普莊嚴幢이라 十寶欄楯이 周帀圍遶하니라

어기산상　　유일대림　　명마니화지륜　　무
於其山上에 有一大林하니 名摩尼華枝輪이라 無

량화누각　　무량보대관　주회포열　　무량
量華樓閣과 無量寶臺觀이 周迴布列하며 無量

묘향당　무량보산당　형극장엄
妙香幢과 無量寶山幢이 迴極莊嚴하니라

무량보분다리화　처처부영　　무량향마니
無量寶芬陀利華가 處處敷榮하며 無量香摩尼

연화망　주잡수포　　악음　화열　　향운
蓮華網이 周帀垂布하며 樂音이 和悅하고 香雲이

모든 불자들이여, 저 승음세계 가운데 향수해가 있으니 이름이 청정광명이고, 그 바다 가운데 큰 연꽃 수미산이 출현하였으니 이름이 화염보장엄당이며, 열 가지 보배 난간이 두루 둘러쌌다.

그 산 위에 하나의 큰 숲이 있으니 이름이 마니화지륜이다. 한량없는 꽃누각들과 한량없는 보배 누관들이 주위에 벌어져 있고, 한량없는 묘한 향깃대와 한량없는 보배산깃대가 훤칠하게 장엄하였다.

한량없는 보배의 흰 연꽃이 곳곳에 피었고, 한량없는 향마니 연꽃그물이 두루 드리웠다.

조요 수각무량 불가기극 유백만억
照耀호대 數各無量이라 不可紀極이며 有百萬億

나유타성 주잡위요 종종중생 어중지
那由他城이 周帀圍遶하야 種種衆生이 於中止

주
住하니라

제불자 차림동 유일대성 명염광명
諸佛子야 此林東에 有一大城하니 名燄光明이라

인왕소도 백만억나유타성 주잡위요
人王所都니 百萬億那由他城이 周帀圍遶하야

청정묘보 소공성립 종광 각유칠천유
清淨妙寶로 所共成立이라 縱廣이 各有七千由

순 칠보위곽 누로각적 실개숭려
旬이며 七寶爲郭하야 樓櫓却敵이 悉皆崇麗하니라

음악 소리가 화창하고 향구름이 비치는데, 수가 각각 한량없어 끝까지 기록할 수 없으며, 백만억 나유타 성들이 두루 둘러쌌고 갖가지 중생들이 그 안에 살고 있었다.

모든 불자들이여, 이 숲 동쪽에 하나의 큰 도성이 있으니 이름이 염광명이다. 인간의 왕이 도읍한 곳이고 백만억 나유타 성이 두루 둘러쌌으며 청정하고 묘한 보배로 함께 이루어 졌다. 길이와 너비가 각각 칠천 유순이며, 칠보로 성곽이 되고 문루와 망대가 모두 다 높고 화려하였다.

칠중보참 향수영만 우발라화 파두마
七重寶壍에 香水盈滿하며 優鉢羅華와 波頭摩

화 구물두화 분다리화 실시중보 처처
華와 拘物頭華와 芬陀利華가 悉是衆寶로 處處

분포 이위엄식 보다라수 칠중위
分布하야 以爲嚴飾하고 寶多羅樹가 七重圍

요
遶하니라

궁전누각 실보장엄 종종묘망 장시기
宮殿樓閣이 悉寶莊嚴하야 種種妙網이 張施其

상 도향산화 분영기중 유백만억나유
上하고 塗香散華가 芬瑩其中하며 有百萬億那由

타문 실보장엄 일일문전 각유사십구
他門이 悉寶莊嚴이어든 一一門前에 各有四十九

보시라당 차제항렬
寶尸羅幢이 次第行列하니라

일곱 겹의 보배 해자에 향수가 가득하였으며, 청색 연꽃과 붉은 연꽃과 노란 연꽃과 흰 연꽃들이 모두 온갖 보배로 되어 곳곳에 분포하여 장식하였고, 보배로 된 다라 나무가 일곱 겹으로 둘러쌌다.

궁전과 누각이 다 보배로 장엄되어서, 갖가지 묘한 그물이 그 위에 펼쳐졌고 향을 바르고 꽃을 흩어 그 속이 향기롭고 빛났다. 백만억 나유타의 문이 다 보배로 장엄되었는데, 낱낱 문 앞에는 각각 마흔아홉 개의 보배시라 깃대가 차례로 줄지어 있었다.

다시 백만억 동산숲이 두루 둘러쌌는데, 그

부유백만억원림 　주잡위요 　기중 　개유
復有百萬億園林이 周帀圍遶하야 其中에 皆有

종종잡향 　마니수향 　주류보훈 　중조화
種種雜香과 摩尼樹香이 周流普熏하고 衆鳥和

명 　청자환열
鳴하야 聽者歡悅이러라

차 대성중소유거인 　미불성취업보신족
此大城中所有居人이 靡不成就業報神足하야

승공왕래 　행동제천 　심유소욕 　응념개
乘空往來에 行同諸天하고 心有所欲에 應念皆

지
至러라

기성차남 　유일천성 　명수화장엄 　기차
其城次南에 有一天城하니 名樹華莊嚴이요 其次

가운데는 모두 갖가지의 여러 향과 마니나무 향이 두루 퍼져 널리 풍기며, 온갖 새들이 평화롭게 노래하여 듣는 이들을 즐겁게 하였다.

이 큰 도성 안에 사는 사람들은 업보로 신족통을 성취하지 아니함이 없어서 허공에 올라 왕래하여 행이 모든 천신들과 같고, 마음에 하고자 하는 바가 있으면 생각대로 모두 이르러 왔다.

그 도성의 다음 남쪽에 한 하늘 성이 있으니 이름이 수화장엄이고, 그 다음 오른쪽으로 돌

우선　　유대룡성　　　명왈구경　　차유야차
右旋에　有大龍城하니　名曰究竟이요　次有夜叉

성　　　명금강승묘당　　차유건달바성　　　명
城하니　名金剛勝妙幢이요　次有乾闥婆城하니　名

왈묘궁
曰妙宮이니라

차유아수라성　　　명왈보륜　　차유가루라
次有阿脩羅城하니　名曰寶輪이요　次有迦樓羅

성　　　명묘보장엄　　차유긴나라성　　　명유
城하니　名妙寶莊嚴이요　次有緊那羅城하니　名遊

희쾌락　　차유마후라성　　　명금강당　　　차
戲快樂이요　次有摩睺羅城하니　名金剛幢이요　次

유범천왕성　　　명종종묘장엄
有梵天王城하니　名種種妙莊嚴이니라

여시등　　백만억나유타수　　　차일일성　　각
如是等이　百萬億那由他數어든　此一一城에　各

아서 큰 용의 성이 있으니 이름이 구경이고, 다음에 야차의 성이 있으니 이름이 금강승묘당이고, 다음에 건달바의 성이 있으니 이름이 묘궁이다.

다음에 아수라의 성이 있으니 이름이 보륜이고, 다음에 가루라의 성이 있으니 이름이 묘보장엄이고, 다음에 긴나라의 성이 있으니 이름이 유희쾌락이고, 다음에 마후라가의 성이 있으니 이름이 금강당이고, 다음에 범천왕의 성이 있으니 이름이 종종묘장엄이다.

이와 같은 것이 백만억 나유타의 수인데, 이 낱낱 성에 각각 백만억 나유타의 누각들이 함

유백만억나유타누각　　소공위요　　일일개
有百萬億那由他樓閣이　所共圍遶하야　一一皆

유무량장엄
有無量莊嚴이러라

제불자　차보화지륜대림지중　유일도량
諸佛子야　此寶華枝輪大林之中에　有一道場하니

명보화변조
名寶華徧照라

이중대보　　분포장엄　　마니화륜　　변만개
以衆大寶로　分布莊嚴하고　摩尼華輪이　徧滿開

부　　　연이향등　　구중보색　　염운미부
敷하며　然以香燈하야　具衆寶色하며　燄雲彌覆하야

광망보조　　제장엄구　　상출묘보
光網普照하며　諸莊嚴具에　常出妙寶하니라

께 둘러쌌으며, 낱낱이 모두 한량없는 장엄이 있었다.

모든 불자들이여, 이 보화지륜 큰 숲 가운데 한 도량이 있으니 이름이 보화변조이다.

온갖 큰 보배로 분포하여 장엄하고, 마니 꽃 바퀴가 두루 가득 피었으며, 향등을 켜서 온갖 보배 빛을 갖추었다. 불꽃구름이 가득 덮어서 광명그물이 널리 비치며, 모든 장엄구에서 항상 미묘한 보배가 나왔다.

일체악중　항주아음　　마니보왕　현보살
一切樂中에 恒奏雅音하며 摩尼寶王이 現菩薩

신　　종종묘화　주변시방
身하고 種種妙華가 周徧十方이러라

기도량전　유일대해　　명향마니금강　　출
其道場前에 有一大海하니 名香摩尼金剛이요 出

대연화　　명화예염륜　　기화광대　백억유
大蓮華하니 名華蘂燄輪이라 其華廣大가 百億由

순　　경엽수대　개시묘보
旬이요 莖葉鬚臺가 皆是妙寶니라

십불가설백천억나유타연화　소공위요　　상
十不可說百千億那由他蓮華의 所共圍遶니 常

방광명　　항출묘음　　주변시방
放光明하고 恒出妙音하야 周徧十方이러라

일체 음악 중에 항상 청아한 음을 연주하며, 마니보배왕이 보살의 몸을 나타내고 갖가지 미묘한 꽃들이 시방에 두루하였다.

그 도량 앞에 하나의 큰 바다가 있으니 이름이 향마니금강이고, 큰 연꽃이 솟아났으니 이름이 화예염륜이다. 그 꽃의 광대함이 백억 유순이고, 줄기와 잎과 꽃술과 꽃받침이 모두 미묘한 보배로 되었다.

열 불가설 백천억 나유타의 연꽃들이 함께 둘러쌌으며, 항상 광명을 놓고 항상 미묘한 음성을 내어 시방에 두루하였다.

제불자 피승음세계최초겁중 유십수미산
諸佛子야 彼勝音世界最初劫中에 有十須彌山

미진수여래 출흥어세 기제일불 호
微塵數如來가 出興於世하시니 其第一佛은 号

일체공덕산수미승운
一切功德山須彌勝雲이시니라

제불자 응지피불 장출현시일백년전 차
諸佛子야 應知彼佛이 將出現時一百年前에 此

마니화지륜대림중일체장엄 주변청정
摩尼華枝輪大林中一切莊嚴이 周徧淸淨하니라

소위출부사의보염운 발탄불공덕음 연무
所謂出不思議寶燄雲과 發歎佛功德音과 演無

수불음성 서광포망 미부시방 궁전누
數佛音聲과 舒光布網하야 彌覆十方과 宮殿樓

각 호상조요 보화광명 등취성운
閣이 互相照耀와 寶華光明이 騰聚成雲이니라

모든 불자들이여, 그 승음세계의 최초 겁 중에 열 수미산 미진수의 여래께서 세상에 출현하셨다. 그 최초의 부처님은 명호가 일체공덕산수미승운이시다.

모든 불자들이여, 마땅히 알라. 그 부처님께서 장차 출현하시려는 때의 일백 년 전에 이 마니화지륜 큰 숲 가운데 일체 장엄이 두루 청정하였다.

이른바 부사의한 보배 불꽃구름을 내며, 부처님 공덕을 찬탄하는 소리를 내며, 무수한 부처님 음성을 펴며, 빛을 내어 그물을 펴서 시방을 가득 덮으며, 궁전과 누각이 서로서로 비추며,

부출묘음　　설일체중생　　전세소행광대선
復出妙音하야 說一切衆生의 前世所行廣大善

근　　설삼세일체제불명호　　설제보살　　소수
根과 說三世一切諸佛名号와 說諸菩薩의 所修

원행구경지도　　설제여래　　전묘법륜종종
願行究竟之道와 說諸如來의 轉妙法輪種種

언사
言辭니라

현여시등장엄지상　　현시여래　　당출어세
現如是等莊嚴之相하야 顯示如來의 當出於世한대

기세계중일체제왕　　견차상고　　선근성숙
其世界中一切諸王이 見此相故로 善根成熟하야

실욕견불　　이래도량
悉欲見佛하야 而來道場하니라

보배 꽃 광명이 공중에 모여 구름을 이루었다.

다시 미묘한 음성을 내어 일체 중생의 전세에 행하던 넓고 큰 선근을 말하며, 삼세의 일체 모든 부처님 명호를 말하며, 모든 보살들이 수행하던 원행과 구경의 도를 말하며, 모든 여래께서 묘한 법륜을 굴리시던 갖가지 언사를 말하였다.

이와 같이 장엄한 모양을 나타내어 여래께서 장차 세상에 출현하실 것을 나타내 보였다. 그 세계 중의 일체 모든 왕들이 이러한 모양을 본 까닭에 선근이 성숙하여 모두 부처님을 친견하려고 도량에 모여왔다.

이시   일체공덕산수미승운불   어기도량
爾時에 一切功德山須彌勝雲佛이 於其道場

대연화중   홀연출현
大蓮華中에 忽然出現하시니라

기신   주보   등진법계   일체불찰   개시
其身이 周普하야 等眞法界하며 一切佛刹에 皆示

출생   일체도량   실예기소   무변묘색
出生하며 一切道場에 悉詣其所하며 無邊妙色이

구족청정   일체세간   무능영탈
具足淸淨하며 一切世間이 無能映奪하니라

구중보상   일일분명   일체궁전   실현
具衆寶相하야 一一分明하며 一切宮殿에 悉現

기상   일체중생   함득목견   무변화불
其像하며 一切衆生이 咸得目見하며 無邊化佛이

종기신출   종종색광   충만세계
從其身出하며 種種色光이 充滿世界하니라

이때에 일체공덕산수미승운 부처님께서 그 도량의 큰 연꽃 가운데서 홀연히 출현하셨다.

그 몸은 두루하여 진법계와 같으시며, 일체 부처님 세계에 모두 출생함을 보이시며, 일체 도량에 다 그곳에 나아가시며, 가없는 미묘한 빛깔이 구족하고 청정하시며, 일체 세간이 능히 빛을 뺏을 수 없었다.

온갖 보배 형상을 갖추어 낱낱이 분명하며, 일체 궁전에 다 그 영상을 나타내시며, 일체 중생이 모두 눈으로 볼 수 있으며, 가없는 화신 부처님이 그 몸에서 나오시며, 갖가지 빛깔이 세계에 충만하였다.

여 어 차 청 정 광 명 향 수 해 화 염 장 엄 당 수 미 정
如於此淸淨光明香水海華燄莊嚴幢須彌頂

상 마 니 화 지 륜 대 림 중　　출 현 기 신　　　이 좌 어
上摩尼華枝輪大林中에 出現其身하사 而坐於

좌　　기 승 음 세 계　　유 육 십 팔 천 억 수 미 산
座하야 其勝音世界에 有六十八千億須彌山

정　　실 역 어 피　　현 신 이 좌
頂이어든 悉亦於彼에 現身而坐하시니라

이 시　　피 불　　즉 어 미 간　　방 대 광 명　　　기
爾時에 彼佛이 卽於眉間에 放大光明하시니 其

광　　명 발 기 일 체 선 근 음　　십 불 찰 미 진 수 광
光이 名發起一切善根音이라 十佛刹微塵數光

명　　이 위 권 속　　충 만 일 체 시 방 국 토
明으로 而爲眷屬하야 充滿一切十方國土하니라

이 청정광명 향수해의 꽃불꽃 장엄깃대 수미산 정상의 마니화지륜 큰 숲 가운데 그 몸을 나타내어 자리에 앉으신 것처럼, 그 승음세계에 있는 육십팔 천억 수미산 정상에도 모두 또한 그곳에 몸을 나타내어 앉으셨다.

이때에 그 부처님께서 곧 미간에서 큰 광명을 놓으시니 그 광명의 이름은 발기일체선근음이다. 열 부처님 세계 미진수의 광명으로 권속을 삼아서 일체 시방 국토에 충만하였다.

만약 어떤 중생을 마땅히 조복해야 하면 그

약유중생　　응가조복　　　기광　　조촉　　　즉
若有衆生을　應可調伏이면　其光이　照觸하야　卽

자개오　　　식제혹열　　　열제개망　　　최제장
自開悟하며　息諸惑熱하며　裂諸蓋網하며　摧諸障

산　　　　정제구탁　　　발대신해　　　생승선근
山하며　淨諸垢濁하며　發大信解하며　生勝善根하며

영리일체제난공포　　　　멸제일체신심고뇌
永離一切諸難恐怖하며　滅除一切身心苦惱하며

기견불심　　　취일체지
起見佛心하야　趣一切智케하시니라

시　　　일체세간주　　　병기권속무량백천　　　몽
時에　一切世間主와　幷其眷屬無量百千이　蒙

불광명　　소개각고　　　실예불소　　　두면예
佛光明의　所開覺故로　悉詣佛所하야　頭面禮

족
足하니라

광명이 비치어 곧 스스로 깨달으며, 모든 미혹의 열기를 쉬며, 모든 덮개의 그물을 찢으며, 모든 장애의 산을 부수며, 모든 때와 탁한 것을 맑히며, 큰 믿음과 이해를 내며, 수승한 선근을 내며, 일체 모든 재난과 공포를 길이 여의며, 일체 몸과 마음의 고뇌를 없애며, 부처님 친견할 마음을 일으켜서 일체 지혜에 나아가게 하셨다.

이때에 일체 세간 주인과 아울러 그 한량없는 백천의 권속들이 부처님의 광명을 입어서 깨닫게 된 까닭에 모두 부처님 처소에 나아가 머리를 숙여 부처님 발에 예배하였다.

諸佛子_야 彼^피燄光明大城中^에 有王^{하니} 名喜見

善慧_라 統領百萬億那由他城_{하니} 夫人采女_가

三萬七千人_에 福吉祥_이 爲上首_요 王子五百人_에

大威光_이 爲上首_요 大威光太子_가 有十千夫

人_{하니} 妙見_이 爲上首_라

爾時_에 大威光太子_가 見佛光明已_에 以昔所修

善根力故_로 卽時_에 證得十種法門_{하니라}

모든 불자들이여, 그 염광명 큰 성 가운데 왕이 있으니 이름이 희견선혜이다. 백만억 나유타의 성을 통솔하였으며, 부인과 채녀가 삼만칠천 명인데 복길상이 으뜸이 되었다. 왕자가 오백 명인데 대위광이 으뜸이 되고, 대위광 태자에게도 십천 부인이 있는데 묘견이 으뜸이 되었다.

이때에 대위광 태자가 부처님의 광명을 보고서 예전에 닦은 선근의 힘으로 즉시 열 가지 법문을 증득하였다.

무엇이 열이 되는가? 이른바 일체 모든 부처

하위위십   소위증득일체제불공덕륜삼매
何謂爲十고 所謂證得一切諸佛功德輪三昧와

증득일체불법보문다라니   증득광대방편
證得一切佛法普門陀羅尼와 證得廣大方便

장반야바라밀
藏般若波羅蜜이니라

증득조복일체중생대장엄대자   증득보운
證得調伏一切衆生大莊嚴大慈와 證得普雲

음대비   증득생무변공덕최승심대희   증득
音大悲와 證得生無邊功德最勝心大喜와 證得

여실각오일체법대사
如實覺悟一切法大捨이니라

증득광대방편평등장대신통   증득증장신
證得廣大方便平等藏大神通과 證得增長信

해력대원   증득보입일체지광명변재문
解力大願과 證得普入一切智光明辯才門이니라

님의 공덕륜삼매를 증득하고, 일체 부처님 법의 보문다라니를 증득하고, 넓고 큰 방편창고의 반야바라밀을 증득하였다.

일체 중생을 조복하는 큰 장엄의 대자를 증득하고, 넓은 구름소리의 대비를 증득하고, 가없는 공덕을 내는 가장 수승한 마음의 대희를 증득하고, 여실히 일체 법을 깨닫는 대사를 증득하였다.

넓고 큰 방편의 평등한 창고인 큰 신통을 증득하고, 믿음과 이해의 힘을 증장하는 대원을 증득하고, 일체 지혜의 광명에 널리 들어가는 변재문을 증득하였다.

이시　대위광태자　획득여시법광명이　승
爾時에 大威光太子가 獲得如是法光明已에 承

불위력　　보관대중　　이설송언
佛威力하야 普觀大衆하고 而說頌言하니라

세존좌도량
世尊坐道場하시니

청정대광명
淸淨大光明이

비여천일출
譬如千日出하야

보조허공계
普照虛空界로다

무량억천겁
無量億千劫에

도사시내현
導師時乃現이어늘

불금출세간
佛今出世間하시니

일체소첨봉
一切所瞻奉이로다

이때에 대위광 태자가 이와 같은 법의 광명을 얻고 나서 부처님의 위신력을 받들어 대중들을 널리 살펴보고 게송을 설하여 말씀하였다.

세존께서 도량에 앉으시니
청정한 큰 광명이
마치 천 개의 해가 떠서
허공계를 널리 비추는 듯하도다.

한량없는 억천 겁 동안
도사께서 때로 나타나시는데
부처님께서 지금 세간에 출현하시니
일체가 우러러 받들도다.

여관불광명
汝觀佛光明에

화불난사의
化佛難思議하라

일체궁전중
一切宮殿中에

적연이정수
寂然而正受로다

여관불신통
汝觀佛神通하라

모공출염운
毛孔出燄雲하사

조요어세간
照耀於世間하시니

광명무유진
光明無有盡이로다

여응관불신
汝應觀佛身에

광망극청정
光網極淸淨하라

현형등일체
現形等一切하사

변만어시방
徧滿於十方이로다

그대들은 부처님의 광명을 관해 보라
화현하신 부처님을 사의하기 어려우니
일체 궁전 가운데서
고요히 삼매에 드셨도다.

그대들은 부처님의 신통을 관해 보라
모공에서 불꽃구름을 내시어
세간을 밝게 비추시니
광명이 다함없으시도다.

그대들은 마땅히 부처님 몸을 관해 보라
광명 그물이 지극히 청정하여
형상을 나타내어 일체와 같게 하셔서
시방에 두루 충만하시도다.

묘음변세간
妙音徧世間하시니

문자개흔락
聞者皆欣樂이라

수제중생어
隨諸衆生語하야

찬탄불공덕
讚歎佛功德이로다

세존광소조
世尊光所照에

중생실안락
衆生悉安樂이라

유고개멸제
有苦皆滅除하야

심생대환희
心生大歡喜로다

관제보살중
觀諸菩薩衆하라

시방래췌지
十方來萃止하야

실방마니운
悉放摩尼雲하야

현전칭찬불
現前稱讚佛이로다

미묘한 음성이 세간에 두루하시니
듣는 이가 다 기뻐하고
모든 중생들의 말을 따라서
부처님의 공덕을 찬탄하도다.

세존의 광명이 비치는 곳에
중생들이 다 안락하니
있던 고통 다 소멸하여
마음에 큰 기쁨을 내도다.

모든 보살 대중들을 관해 보라
시방에서 모여와
모두 마니구름을 놓아서
눈앞에서 부처님을 찬탄하도다.

도량출묘음
道場出妙音이여

기음극심원
其音極深遠이라

능멸중생고
能滅衆生苦하시니

차시불신력
此是佛神力이로다

일체함공경
一切咸恭敬하야

심생대환희
心生大歡喜라

공재세존전
共在世尊前하야

첨앙어법왕
瞻仰於法王이로다

제불자 피대위광태자 설차송시 이불신
諸佛子야 彼大威光太子가 說此頌時에 以佛神

력 기성 보변승음세계
力으로 其聲이 普徧勝音世界하니라

도량이 미묘한 소리를 냄이여

그 소리가 지극히 깊고 멀어서

능히 중생들의 고통을 없애니

이것은 부처님의 신통력이로다.

일체가 다 공경하여

마음에 큰 환희를 내며

함께 세존 앞에서

법왕을 우러러보도다.

모든 불자들이여, 저 대위광 태자가 이러한

게송을 말할 때에 부처님의 위신력으로 그 음

성이 승음세계에 널리 두루하였다.

시　　희견선혜왕　　문차송이　　심대환희
時에　喜見善慧王이　聞此頌已하고　心大歡喜하야

관제권속　　이설송언
觀諸眷屬하고　而說頌言하니라

여응속소집　　　　　　일체제왕중
汝應速召集　　　　　　一切諸王衆과

왕자급대신　　　　　　성읍재관등
王子及大臣과　　　　　城邑宰官等이어다

보고제성내　　　　　　질응격대고
普告諸城內하야　　　　疾應擊大鼓하고

공집소유인　　　　　　구행왕견불
共集所有人하야　　　　俱行往見佛이어다

그때에 희견선혜왕이 이 게송을 듣고 나서
마음이 크게 환희하여 모든 권속들을 살펴보
고 게송을 설하여 말씀하였다.

그대들은 마땅히 신속하게
일체 모든 왕들과
왕자와 대신과
성읍의 재상과 관리들을 소집하라.

모든 성 안에 널리 알려서
빨리 마땅히 큰 북을 치고
모든 사람들을 다 모아
함께 가서 부처님을 친견할지어다.

일체사구도
一切四衢道에

실응명보탁
悉應鳴寶鐸하고

처자권속구
妻子眷屬俱하야

공왕관여래
共往觀如來어다

일체제성곽
一切諸城郭을

의령실청정
宜令悉清淨하고

보건승묘당
普建勝妙幢하야

마니이엄식
摩尼以嚴飾이어다

보장라중망
寶帳羅衆網하고

기악여운포
妓樂如雲布하야

엄비재허공
嚴備在虛空하야

처처영충만
處處令充滿이어다

일체 네 거리에
다 마땅히 보배 방울을 울려
처자 권속들과 함께
모두 가서 여래를 친견할지어다.

일체 모든 성곽을
마땅히 다 청정하게 하고
수승하고 미묘한 깃대를 널리 세워
마니로 장식할지어다.

보배 휘장에 온갖 그물을 나열하고
기악을 구름처럼 펴서
잘 장식하여 허공에 두고
곳곳에 충만하게 할지어다.

도로개엄정
道路皆嚴淨하며

보우묘의복
普雨妙衣服하고

건어여보승
巾馭汝寶乘하야

여아동관불
與我同觀佛이어다

각각수자력
各各隨自力하야

보우장엄구
普雨莊嚴具호대

일체여운포
一切如雲布하야

변만허공중
徧滿虛空中이어다

향염연화개
香燄蓮華蓋와

반월보영락
半月寶瓔珞과

급무수묘의
及無數妙衣를

여등개응우
汝等皆應雨어다

도로를 모두 깨끗이 장엄하고
미묘한 의복을 널리 비내리며
그대들의 보배수레를 몰아서
나와 함께 부처님을 친견할지어다.

각각 자신의 힘을 따라
장엄구를 널리 비내리되
일체를 구름같이 펴서
허공에 두루 가득하게 할지어다.

향기불꽃과 연꽃일산과
반달 보배영락과
그리고 무수한 미묘한 옷을
그대들은 모두 마땅히 비내릴지어다.

수미향수해
須彌香水海에

상묘마니륜
上妙摩尼輪과

급청정전단
及淸淨栴檀을

실응우만공
悉應雨滿空이어다

중보화영락
衆寶華瓔珞으로

장엄정무구
莊嚴淨無垢하며

급이마니등
及以摩尼燈으로

개령재공주
皆令在空住어다

일체지향불
一切持向佛호대

심생대환희
心生大歡喜하고

처자권속구
妻子眷屬俱하야

왕견세소존
往見世所尊이어다

수미산과 향수해에
가장 미묘한 마니바퀴와
그리고 청정한 전단을
다 마땅히 비내려 허공을 채울지어다.

온갖 보배꽃과 영락으로
장엄하여 깨끗해 때가 없으며
그리고 마니 등으로
다 허공에 머물러 있게 할지어다.

일체를 가지고 부처님께 향하되
마음에 큰 환희를 내고
처자 권속들과 함께
가서 세존을 친견할지어다.

이시　희견선혜왕　여삼만칠천부인채녀
爾時에 喜見善慧王이 與三萬七千夫人采女로

구　　복길상　위상수　오백왕자　구　　대
俱호대 福吉祥이 爲上首요 五百王子로 俱호대 大

위광　위상수　육만대신　구　　혜력　위
威光이 爲上首요 六萬大臣으로 俱호대 慧力이 爲

상수
上首라

여시등칠십칠백천억나유타중　전후위
如是等七十七百千億那由他衆으로 前後圍

요　　종염광명대성출　이왕력고　일체
遶하야 從燄光明大城出할새 以王力故로 一切

대중　승공이왕　제공양구　변만허공
大衆이 乘空而往호대 諸供養具를 徧滿虛空하야

지어불소　정례불족　각좌일면
至於佛所하야 頂禮佛足하고 却坐一面하니라

이때에 희견선혜왕이 삼만칠천의 부인과 채녀들과 함께하였는데 복길상이 으뜸이 되고, 오백 왕자들과 함께하였는데 대위광이 으뜸이 되고, 육만 대신들과 함께하였는데 혜력이 으뜸이 되었다.

이러한 칠십칠 백천억 나유타의 대중들에게 앞뒤로 둘러싸여 염광명 대성에서 나올 적에, 왕의 힘으로 일체 대중이 허공에 올라가서 모든 공양구를 허공에 두루 채웠다. 부처님 처소에 이르러 부처님 발에 정례하고 물러나 한쪽에 앉았다.

부유묘화성선화당천왕　　여십억나유타권
復有妙華城善化幢天王이　與十億那由他眷

속　　　구　　부유구경대성정광용왕　　여이
屬으로　俱하며　復有究竟大城淨光龍王이　與二

십오억권속　　　구　　부유금강승당성맹건
十五億眷屬으로　俱하며　復有金剛勝幢城猛健

야차왕　여칠십칠억권속　　　구　　부유무구
夜叉王이　與七十七億眷屬으로　俱하며　復有無垢

성희견건달바왕　여구십칠억권속　　　구
城喜見乾闥婆王이　與九十七億眷屬으로　俱하니라

부유묘륜성정색사유아수라왕　여오십팔
復有妙輪城淨色思惟阿脩羅王이　與五十八

억권속　　　구　　부유묘장엄성십력행가루
億眷屬으로　俱하며　復有妙莊嚴城十力行迦樓

라왕　여구십구천권속　　　구　　부유유희
羅王이　與九十九千眷屬으로　俱하며　復有遊戲

또 묘화성의 선화당 천왕이 있어 십억 나유타의 권속들과 함께하였다.

또 구경대성의 정광 용왕이 있어 이십오억 권속들과 함께하였다.

또 금강승당성의 맹건 야차왕이 있어 칠십칠억 권속들과 함께하였다.

또 무구성의 희견 건달바왕이 있어 구십칠억 권속들과 함께하였다.

또 묘륜성의 정색사유 아수라왕이 있어 오십팔억 권속들과 함께하였다.

또 묘장엄성의 십력행 가루라왕이 있어 구십구천 권속들과 함께하였다.

쾌락성금강덕긴나라왕　　여십팔억권속
快樂城金剛德緊那羅王이 與十八億眷屬으로

구　　　부유금강당성보칭당마후라가왕　　　여
俱하며 復有金剛幢城寶稱幢摩睺羅伽王이 與

삼억백천나유타권속　　　구　　부유정묘장
三億百千那由他眷屬으로 俱하며 復有淨妙莊

엄성최승범왕　여십팔억권속　　구
嚴城最勝梵王이 與十八億眷屬으로 俱하니라

여시등백만억나유타대성중　소유제왕　　병
如是等百萬億那由他大城中에 所有諸王과 并

기권속　실공왕예일체공덕산수미승운여
其眷屬이 悉共往詣一切功德山須彌勝雲如

래소　정례불족　각좌일면
來所하야 頂禮佛足하고 却坐一面하니라

또 유희쾌락성의 금강덕 긴나라왕이 있어 십팔억 권속들과 함께하였다.

또 금강당성의 보칭당 마후라가왕이 있어 삼억백천 나유타 권속들과 함께하였다.

또 정묘장엄성의 최승 범천왕이 있어 십팔억 권속들과 함께하였다.

이러한 백만억 나유타의 큰 성에 있는 모든 왕과 아울러 그 권속들이 다 함께 일체공덕산수미승운여래 처소에 나아가서 부처님 발에 정례하고 물러나 한쪽에 앉았다.

시 피여래 위욕조복제중생고 어중회
時에 彼如來가 爲欲調伏諸衆生故로 於衆會

도량해중 설보집일체삼세불자재법수다
道場海中에 說普集一切三世佛自在法修多

라 세계미진수수다라 이위권속 수
羅하시니 世界微塵數修多羅로 而爲眷屬이라 隨

중생심 실령획익
衆生心하야 悉令獲益케하시니라

시시 대위광보살 문시법이 즉획일체
是時에 大威光菩薩이 聞是法已하고 卽獲一切

공덕산수미승운불 숙세소집법해광명
功德山須彌勝雲佛의 宿世所集法海光明하니라

소위득일체법취평등삼매지광명 일체법
所謂得一切法聚平等三昧智光明과 一切法

그때에 그 여래께서 모든 중생들을 조복하기 위하여 대중들이 모인 도량바다 중에서 일체 삼세 부처님의 자재하신 법을 널리 모은 수다라를 설하셨다. 세계 미진수의 수다라가 권속이 되었으며, 중생들의 마음을 따라 모두 이익을 얻게 하셨다.

이때에 대위광 보살이 이 법을 듣고 나서 곧 일체공덕산수미승운 부처님께서 지난 세상에 모으신 법해광명을 얻었다.

이른바 일체 법무더기의 평등삼매인 지혜광명과, 일체 법이 다 최초 보리심 가운데 들어

실입최초보리심중주지광명　　시방법계보
悉入最初菩提心中住智光明과　十方法界普

광명장청정안지광명　　관찰일체불법대원
光明藏淸淨眼智光明과　觀察一切佛法大願

해지광명　　입무변공덕해청정행지광명　　취
海智光明과　入無邊功德海淸淨行智光明과　趣

향불퇴전대력속질장지광명　　법계중무량
向不退轉大力速疾藏智光明과　法界中無量

변화력출리륜지광명　　결정입무량공덕원
變化力出離輪智光明과　決定入無量功德圓

만해지광명　　요지일체불결정해장엄성취
滿海智光明과　了知一切佛決定解莊嚴成就

해지광명　　요지법계무변불현일체중생전
海智光明과　了知法界無邊佛現一切衆生前

신통해지광명　　요지일체불력무소외법지광
神通海智光明과　了知一切佛力無所畏法智光

가서 머무르는 지혜광명과, 시방 법계의 넓은 광명창고의 청정한 눈 지혜광명과, 일체 불법의 큰 원력바다를 관찰하는 지혜광명과, 가없는 공덕바다에 들어가는 청정한 행의 지혜광명과, 물러나지 않는 큰 힘의 빠른 창고를 향하여 나아가는 지혜광명과, 법계 가운데 한량없는 변화하는 힘으로 벗어나는 바퀴의 지혜광명과, 한량없는 공덕이 원만한 바다에 결정코 들어가는 지혜광명과, 일체 부처님의 결정한 이해로 장엄하고 성취한 바다를 요달해 아는 지혜광명과, 법계의 가없는 부처님께서 일체 중생 앞에 나타나시는 신통바다를 요달해

명
明이니라

이시   대위광보살   득여시무량지광명이
爾時에 **大威光菩薩**이 **得如是無量智光明已**에

승불위력   이설송언
承佛威力하고 **而說頌言**하니라

아문불묘법   이득지광명
我聞佛妙法하고   **而得智光明**일새

이시견세존   왕석소행사
以是見世尊의   **往昔所行事**로다

아는 지혜광명과, 일체 부처님의 힘과 두려움 없는 법을 요달해 아는 지혜광명을 얻었다.

그때에 대위광 보살이 이와 같은 한량없는 지혜광명을 얻고 나서 부처님의 위신력을 받들어 게송을 설하여 말씀하였다.

내가 부처님의 미묘한 법을 듣고
지혜의 광명을 얻었으니
이것으로 세존께서
지난 옛적 행하신 일을 보도다.

일체소생처
一切所生處에

명호신차별
名号身差別과

급공양어불
及供養於佛을

여시아함견
如是我咸見이로다

왕석제불소
往昔諸佛所에

일체개승사
一切皆承事하고

무량겁수행
無量劫修行하사

엄정제찰해
嚴淨諸刹海로다

사시어자신
捨施於自身호대

광대무애제
廣大無涯際하고

수치최승행
修治最勝行하사

엄정제찰해
嚴淨諸刹海로다

일체 태어나신 곳과
명호와 몸의 차별과
그리고 부처님께 공양하시는
이와 같은 것을 내가 다 보도다.

지난 옛적 모든 부처님 처소에서
일체를 다 받들어 섬기시고
한량없는 겁 동안 수행하셔서
세계바다를 깨끗이 장엄하셨도다.

자신의 몸을 버려 보시하시되
광대하며 끝이 없고
가장 수승한 행을 닦으셔서
세계바다를 깨끗이 장엄하셨도다.

이비두수족
耳鼻頭手足과

급이제궁전
及以諸宮殿을

사지무유량
捨之無有量하사

엄정제찰해
嚴淨諸刹海로다

능어일일찰
能於一一刹에

억겁부사의
億劫不思議로

수습보리행
修習菩提行하사

엄정제찰해
嚴淨諸刹海로다

보현대원력
普賢大願力으로

일체불해중
一切佛海中에

수행무량행
修行無量行하사

엄정제찰해
嚴淨諸刹海로다

귀와 코와 머리와 손과 발과

그리고 모든 궁전을

한량없이 버리셔서

세계바다를 깨끗이 장엄하셨도다.

능히 낱낱 세계에

부사의한 억겁 동안

보리행을 닦아 익히셔서

세계바다를 깨끗이 장엄하셨도다.

보현보살의 큰 원력으로

일체 부처님바다 가운데

한량없는 행을 수행하여

세계바다를 깨끗이 장엄하였도다.

여인일광조
如因日光照하야

환견어일륜
還見於日輪인달하야

아이불지광
我以佛智光으로

견불소행도
見佛所行道로다

아관불찰해
我觀佛刹海의

청정대광명
淸淨大光明호니

적정증보리
寂靜證菩提하사

법계실주변
法界悉周徧이로다

아당여세존
我當如世尊이

광정제찰해
廣淨諸刹海하야

이불위신력
以佛威神力으로

수습보리행
修習菩提行호리이다

마치 햇빛이 비침으로 인하여

도리어 해를 보듯이

나도 부처님의 지혜광명으로

부처님께서 행하신 도를 보도다.

내가 부처님 세계바다의

청정한 큰 광명을 관해 보니

고요하게 보리를 증득하셔서

법계에 다 두루하시도다.

내가 마땅히 세존께서

세계바다를 널리 깨끗이 하심과 같이

부처님의 위신력으로

보리행을 닦아 익히리라.

제불자 시 대위광보살 이견일체공덕산
諸佛子야 時에 大威光菩薩이 以見一切功德山

수미승운불 승사공양고 어여래소 심
須彌勝雲佛하고 承事供養故로 於如來所에 心

득오료
得悟了하니라

위일체세간 현시여래왕석행해 현시
爲一切世間하야 顯示如來往昔行海하며 顯示

왕석보살행방편 현시일체불공덕해
往昔菩薩行方便하며 顯示一切佛功德海하며

현시보입일체법계청정지 현시일체도량
顯示普入一切法界淸淨智하며 顯示一切道場

중성불자재력
中成佛自在力하니라

현시불력무외무차별지 현시보시현여래
顯示佛力無畏無差別智하며 顯示普示現如來

모든 불자들이여, 그때에 대위광 보살이 일체공덕산수미승운 부처님을 친견하고 받들어 섬기며 공양올린 까닭에 여래의 처소에서 마음에 깨달음을 얻었다.

일체 세간을 위하여 여래의 지난 옛적 수행바다를 나타내 보이며, 지난 옛적 보살들의 수행방편을 나타내 보이며, 일체 부처님의 공덕바다를 나타내 보이며, 일체 법계에 널리 들어가는 청정한 지혜를 나타내 보이며, 일체 도량 가운데서 성불하는 자재한 힘을 나타내 보였다.

부처님 힘과 두려움 없고 차별 없는 지혜를 나타내 보이며, 널리 시현하시는 여래의 몸을

身하며 顯示不可思議佛神變하며 顯示莊嚴無

量淸淨佛土하며 顯示普賢菩薩所有行願하야

令如須彌山微塵數衆生으로 發菩提心하며 佛

刹微塵數衆生으로 成就如來淸淨國土케하나라

爾時에 一切功德山須彌勝雲佛이 爲大威光

菩薩하사 而說頌言하사대

나타내 보이며, 불가사의한 부처님의 신통 변화를 나타내 보이며, 한량없이 청정한 불국토를 장엄함을 나타내 보이며, 보현보살이 가진 행원을 나타내 보여서, 저 수미산 미진수의 중생들이 보리심을 내게 하며, 부처님 세계 미진수의 중생들이 여래의 청정한 국토를 성취하게 하였다.

그때에 일체공덕산수미승운 부처님께서 대위광 보살을 위하여 게송을 설하여 말씀하셨다.

선재대위광
善哉大威光이여

복장광명칭
福藏廣名稱하니

위리중생고
爲利衆生故로

발취보리도
發趣菩提道로다

여획지광명
汝獲智光明하야

법계실충변
法界悉充徧하니

복혜함광대
福慧咸廣大하야

당득심지해
當得深智海로다

일찰중수행
一刹中修行을

경어찰진겁
經於刹塵劫하니

여여견어아
如汝見於我하야

당획여시지
當獲如是智로다

훌륭하도다, 대위광이여
복덕창고로 명칭이 넓으니
중생들을 이롭게 하기 위하여
보리도에 나아가도다.

그대가 지혜광명을 얻어서
법계에 다 가득하고 두루하니
복과 지혜가 모두 광대해서
마땅히 깊은 지혜바다를 얻으리라.

한 세계에서 수행하기를
세계 티끌수의 겁을 지내니
그대가 나를 보는 것과 같이
이와 같은 지혜를 마땅히 얻으리라.

비 제 열 행 자
非諸劣行者가

능 지 차 방 편
能知此方便이니

획 대 정 진 력
獲大精進力하야사

내 능 정 찰 해
乃能淨刹海로다

일 일 미 진 중
一一微塵中에

무 량 겁 수 행
無量劫修行하야사

피 인 내 능 득
彼人乃能得

장 엄 제 불 찰
莊嚴諸佛刹이로다

위 일 일 중 생
爲一一衆生하야

윤 회 경 겁 해
輪迴經劫海호대

기 심 불 피 해
其心不疲懈하야사

당 성 세 도 사
當成世導師로다

모든 하열한 수행자는
이 방편을 알 수 없으니
큰 정진의 힘을 얻어야
세계바다를 능히 깨끗이 하리라.

낱낱 미진 가운데
한량없는 겁 동안 수행하여야
그런 사람이 이에 능히
모든 부처님 세계를 장엄하리라.

낱낱 중생을 위하여
겁바다를 지내도록 윤회하되
그 마음이 피로하거나 게으르지 않아야
마땅히 세상의 도사가 되리라.

공양일일불
供養一一佛하야

실진미래제
悉盡未來際호대

심무잠피염
心無暫疲厭하야사

당성무상도
當成無上道로다

삼세일체불
三世一切佛이

당공만여원
當共滿汝願이니

일체불회중
一切佛會中에

여신안주피
汝身安住彼로다

일체제여래
一切諸如來가

서원무유변
誓願無有邊하시니

대지통달자
大智通達者가

능지차방편
能知此方便이로다

낱낱 부처님께 공양올리되
미래제가 모두 다하도록
마음이 잠깐도 피로해하거나 싫어함이 없어야
마땅히 위없는 도를 이루리라.

삼세의 일체 부처님께서
마땅히 그대의 원을 만족케 하시리니
일체 부처님 회상 가운데
그대의 몸이 그곳에 안주하리라.

일체 모든 여래께서
서원이 끝이 없으시니
큰 지혜를 통달한 이는
능히 이 방편을 알리라.

대광공양아
大光供養我일새

고획대위력
故獲大威力하야

영진수중생
令塵數衆生으로

성숙향보리
成熟向菩提로다

제수보현행
諸修普賢行하는

대명칭보살
大名稱菩薩이

장엄불찰해
莊嚴佛刹海하야

법계보주변
法界普周徧이로다

제불자　여등　응지피대장엄겁중　유항하
諸佛子야 **汝等**은 **應知彼大莊嚴劫中**에 **有恒河**

사수소겁　인수명　이소겁　제불자　피
沙數小劫하야 **人壽命**이 **二小劫**이니 **諸佛子**야 **彼**

대위광이 나에게 공양하니
그러므로 큰 위력을 얻어서
미진수의 중생들로 하여금
성숙하여 보리에 향하게 하도다.

모든 보현행을 수행하는
큰 명칭 있는 보살들이
부처님 세계바다를 장엄하여
법계에 널리 두루하도다.

모든 불자들이여, 그대들은 마땅히 알라. 저
대장엄겁 가운데 항하의 모래 수와 같은 소겁
이 있으니 사람의 수명은 두 소겁이었다. 모든
불자들이여, 저 일체공덕산수미승운 부처님은

일체공덕산수미승운불　수명　오십억세
一切功德山須彌勝雲佛은 壽命이 五十億歲라

피불멸도후　유불출세　명바라밀선안장
彼佛滅度後에 有佛出世하시니 名波羅蜜善眼莊

엄왕　　역어피마니화지륜대림중　이성정
嚴王이라 亦於彼摩尼華枝輪大林中에 而成正

각
覺하시니라

이시　대위광동자　견피여래　성등정각
爾時에 大威光童子가 見彼如來의 成等正覺하사

현신통력　즉득염불삼매　명무변해장
現神通力하고 卽得念佛三昧하니 名無邊海藏

문　즉득다라니　명대지력법연
門이며 卽得陀羅尼하니 名大智力法淵이니라

수명이 오십억 세이시다.

 그 부처님께서 멸도하신 후에 부처님이 출현

하셨으니, 이름이 바라밀선안장엄왕이시다. 또

한 저 마니화지륜 큰 숲 가운데서 정각을 이

루셨다.

 그때에 대위광 동자가 그 여래께서 등정각을

이루어 신통력을 나타내심을 보고 곧 염불삼

매를 얻었으니 이름이 가없는 바다창고문이다.

곧 다라니를 얻었으니 이름이 큰 지혜의 힘인

법 못이다.

즉득대자
卽得大慈하니
명보수중생조복도탈
名普隨衆生調伏度脫이며
즉득
卽得

대비
大悲하니
명변부일체경계운
名徧覆一切境界雲이며
즉득대희
卽得大喜하니

명일체불공덕해위력장
名一切佛功德海威力藏이며
즉득대사
卽得大捨하니
명
名

법성허공평등청정
法性虛空平等淸淨이니라

즉득반야바라밀
卽得般若波羅蜜하니
명자성이구법계청정
名自性離垢法界淸淨

신
身이며
즉득신통
卽得神通하니
명무애광보수현
名無礙光普隨現이며
즉득
卽得

변재
辯才하니
명선입이구연
名善入離垢淵이며
즉득지광
卽得智光하니
명일
名一

체불법청정장
切佛法淸淨藏이라
여시등십천법문
如是等十千法門을
개득통
皆得通

곧 대자를 얻었으니 이름이 널리 중생들을 따라 조복하여 해탈케 함이다. 곧 대비를 얻었으니 이름이 일체 경계를 두루 덮은 구름이다. 곧 대희를 얻었으니 이름이 일체 부처님의 공덕바다 위신력창고이다. 곧 대사를 얻었으니 이름이 법성과 허공이 평등하게 청정함이다.

곧 반야바라밀을 얻었으니 이름이 자성이 때를 여읜 법계의 청정한 몸이다. 곧 신통을 얻었으니 이름이 걸림없는 광명이 널리 따라 나타남이다.

곧 변재를 얻었으니 이름이 때를 여읜 못에 잘 들어감이다. 곧 지혜광명을 얻었으니 이름

달
達하니라

이시　　　대위광동자　　　승불위력　　　위제권
爾時에　大威光童子가　承佛威力하고　爲諸眷

속　　　이설송언
屬하야　而說頌言하니라

불가사의억겁중　　　　도세명사난일우
不可思議億劫中에　　　導世明師難一遇어늘

차토중생다선리　　　　이금득견제이불
此土衆生多善利하야　而今得見第二佛이로다

이 일체 부처님 법의 청정한 창고이다. 이와 같은 십천 법문을 모두 통달하였다.

그때에 대위광 동자가 부처님의 위신력을 받들어 모든 권속들을 위하여 게송을 설하여 말씀하였다.

불가사의한 억겁 중에
세상을 인도하는 밝은 스승을 한 번 만나기 어려운데
이 국토 중생들은 좋은 이익이 많아서
지금 제이 부처님을 친견하도다.

불신보방대광명
佛身普放大光明하시니

색상무변극청정
色相無邊極淸淨이라

여운충만일체토
如雲充滿一切土하야

처처칭양불공덕
處處稱揚佛功德이로다

광명소조함환희
光明所照咸歡喜라

중생유고실제멸
衆生有苦悉除滅일새

각령공경기자심
各令恭敬起慈心케하시니

차시여래자재용
此是如來自在用이로다

출부사의변화운
出不思議變化雲하고

방무량색광명망
放無量色光明網하사

시방국토개충만
十方國土皆充滿하시니

차불신통지소현
此佛神通之所現이로다

부처님 몸이 큰 광명을 널리 놓으시니
색상이 가없고 지극히 청정하심이라
구름처럼 일체 국토에 충만하시어
곳곳에서 부처님의 공덕을 찬탄하도다.

광명이 비치는 곳은 모두 환희함이라
중생들에게 있는 고통을 다 없애어
각각 공경하고 자비심을 일으키게 하시니
이것은 여래의 자재하신 작용이로다.

부사의한 변화하는 구름을 내시고
한량없는 색의 광명 그물을 놓으셔서
시방 국토에 다 충만하시니
이것은 부처님의 신통으로 나타난 것이로다.

일일모공현광운
一一毛孔現光雲하사

보변허공발대음
普徧虛空發大音하고

소유유명미부조
所有幽冥靡不照하사

지옥중고함영멸
地獄衆苦咸令滅이로다

여래묘음변시방
如來妙音徧十方하사

일체언음함구연
一切言音咸具演하사대

수제중생숙선력
隨諸衆生宿善力하시니

차시대사신변용
此是大師神變用이로다

무량무변대중해
無量無邊大衆海에

불어기중개출현
佛於其中皆出現하사

보전무진묘법륜
普轉無盡妙法輪하사

조복일체제중생
調伏一切諸衆生이로다

낱낱 모공에서 광명구름을 나타내시어
널리 허공에 두루하여 큰 음성을 내시고
어두운 곳마다 비추지 않음이 없으셔서
지옥의 온갖 고통을 다 없애게 하시도다.

여래의 미묘한 음성이 시방에 두루하시어
일체 말씀을 다 갖추어 연설하시되
모든 중생들의 숙세의 선근력을 따르시니
이것은 대사의 신통변화의 작용이로다.

한량없고 가없는 대중바다에
부처님께서 그 가운데 다 출현하시어
다함없는 미묘한 법륜을 널리 굴리셔서
일체 모든 중생들을 조복하시도다.

불신통력무유변
佛神通力無有邊하사

일체찰중개출현
一切刹中皆出現하시니

선서여시지무애
善逝如是智無礙하사

위리중생성정각
爲利衆生成正覺이로다

여등응생환희심
汝等應生歡喜心하야

용약애락극존중
踊躍愛樂極尊重하라

아당여여동예피
我當與汝同詣彼니

약견여래중고멸
若見如來衆苦滅하리라

발심회향취보리
發心迴向趣菩提하고

자념일체제중생
慈念一切諸衆生하야

실주보현광대원
悉住普賢廣大願이면

당여법왕득자재
當如法王得自在리라

부처님의 신통력은 끝이 없으시어
일체 세계 가운데 다 출현하시니
선서의 이러한 지혜가 걸림이 없으셔서
중생들을 이롭게 하려고 정각을 이루셨도다.

그대들은 마땅히 환희심을 내어서
뛸 듯이 기뻐하며 지극히 존중하라
나도 마땅히 그대들과 함께 그곳에 나아가리니
만약 여래를 친견하면 온갖 고통이 소멸하리라.

발심하고 회향하여 보리에 나아가고
일체 모든 중생들을 자비로 생각하여
보현의 광대한 서원에 다 머무르면
마땅히 법왕처럼 자재를 얻으리라.

제불자　대위광동자　설차송시　이불신
諸佛子야 大威光童子가 說此頌時에 以佛神

력　기성　무애　일체세계　개실득문
力으로 其聲이 無礙하야 一切世界가 皆悉得聞하고

무량중생　발보리심
無量衆生이 發菩提心하니라

시　대위광왕자　여기부모　병제권속　급
時에 大威光王子가 與其父母와 幷諸眷屬과 及

무량백천억나유타중생　전후위요　보
無量百千億那由他衆生으로 前後圍遶하야 寶

개여운　변부허공　공예바라밀선안장
蓋如雲하야 徧覆虛空하고 共詣波羅蜜善眼莊

엄왕여래소　기불　위설법계체성청정장
嚴王如來所한대 其佛이 爲說法界體性淸淨莊

엄수다라　세계해미진등수다라　이위
嚴修多羅하시니 世界海微塵等修多羅로 而爲

모든 불자들이여, 대위광 동자가 이 게송을 말할 때에 부처님의 위신력으로 그 음성이 걸림 없어서 일체 세계가 모두 다 듣고, 한량없는 중생들이 보리심을 일으켰다.

그때에 대위광 왕자가 그의 부모와 모든 권속들과 한량없는 백천억 나유타의 중생들에게 앞뒤로 둘러싸이고, 보배 덮개가 구름처럼 허공을 두루 덮어, 함께 바라밀선안장엄왕 여래의 처소에 나아갔다. 그 부처님께서 위하여 법계체성청정장엄 수다라를 설하시니, 세계바다 미진수 같은 수다라가 권속이 되었다.

그 모든 대중들이 이 경을 듣고 나서 청정한

권속
眷屬이라

피제대중　　문차경이　　　득청정지　　　명입
彼諸大衆이 聞此經已하고 得淸淨智하니 名入

일체정방편　　득어지　　명이구광명　　　득
一切淨方便이며 得於地하니 名離垢光明이며 得

바라밀륜　　명시현일체세간애락장엄
波羅蜜輪하니 名示現一切世間愛樂莊嚴이니라

득증광행륜　　명보입일체찰토무변광명청
得增廣行輪하니 名普入一切刹土無邊光明淸

정견　　득취향행륜　　명이구복덕운광명
淨見이며 得趣向行輪하니 名離垢福德雲光明

당
幢이니라

득수입증륜　　명일체법해광대광명　　득
得隨入證輪하니 名一切法海廣大光明이며 得

지혜를 얻었으니 이름이 일체에 들어가는 청정한 방편이다. 지위를 얻었으니 이름이 때를 여읜 광명이다. 바라밀 바퀴를 얻었으니 이름이 일체 세간의 즐거움을 나타내 보이는 장엄이다.

늘리고 넓히는 수행 바퀴를 얻었으니 이름이 일체 세계에 널리 들어가는 가없는 광명의 청정한 견해이다. 향하여 나아가는 수행 바퀴를 얻었으니 이름이 때를 여읜 복덕구름의 광명 깃발이다.

따라 증득해 들어가는 바퀴를 얻었으니 이름이 일체 법바다가 광대한 광명이다. 점점 깊이

전심발취행　　명대지장엄　　득관정지혜
轉深發趣行하니 名大智莊嚴이며 得灌頂智慧

해　　명무공용수극묘견　　득현료대광명
海하니 名無功用修極妙見이니라 得顯了大光明하니

명여래공덕해상광영변조　　득출생원력청
名如來功德海相光影徧照며 得出生願力清

정지　　명무량원력신해장
淨智하니 名無量願力信解藏이니라

시　피불　위대위광보살　　이설송언
時에 彼佛이 爲大威光菩薩하사 而說頌言하시니라

나아가는 행을 얻었으니 이름이 큰 지혜로 장엄함이다. 관정하는 지혜바다를 얻었으니 이름이 공용이 없는 수행의 지극히 미묘한 견해이다.

밝게 아는 큰 광명을 얻었으니 이름이 여래공덕바다 모양의 광명이 두루 비침이다. 원력을 출생하는 청정한 지혜를 얻었으니 이름이 한량없는 원력과 신해의 창고이다.

그때에 그 부처님께서 대위광 보살을 위하여 게송을 설하여 말씀하셨다.

선재공덕지혜해
善哉功德智慧海여

발심취향대보리
發心趣向大菩提하니

여당득불부사의
汝當得佛不思議하야

보위중생작의처
普爲衆生作依處로다

여이출생대지해
汝已出生大智海하야

실능변료일체법
悉能徧了一切法하니

당이난사묘방편
當以難思妙方便으로

입불무진소행경
入佛無盡所行境이로다

이견제불공덕운
已見諸佛功德雲하고

이입무진지혜지
已入無盡智慧地하니

제바라밀방편해
諸波羅蜜方便海를

대명칭자당만족
大名稱者當滿足이로다

훌륭하도다, 공덕과 지혜바다여
발심해서 대보리로 나아가니
그대는 마땅히 부처님의 부사의를 얻어서
널리 중생들을 위하여 의지처가 되리라.

그대는 이미 큰 지혜바다를 출생하여
모두 능히 일체 법을 두루 깨달았으니
마땅히 생각하기 어려운 미묘한 방편으로
부처님의 다함없는 행하신 경계에 들어가리라.

이미 모든 부처님의 공덕구름을 보았고
이미 다함없는 지혜의 땅에 들어갔으니
모든 바라밀과 방편바다를
큰 명칭 있는 이가 마땅히 만족하리라.

이득방편총지문
已得方便摠持門과

급이무진변재문
及以無盡辯才門하야

종종행원개수습
種種行願皆修習하니

당성무등대지혜
當成無等大智慧로다

여이출생제원해
汝已出生諸願海하고

여이입어삼매해
汝已入於三昧海하니

당구종종대신통
當具種種大神通과

불가사의제불법
不可思議諸佛法이로다

구경법계부사의
究竟法界不思議에

광대심심이청정
廣大深心已淸淨하니

보견시방일체불
普見十方一切佛의

이구장엄중찰해
離垢莊嚴衆刹海로다

이미 얻은 방편과 총지문과
그리고 다함없는 변재문으로
갖가지 행과 원을 다 닦아 익혔으니
마땅히 같음이 없는 큰 지혜를 이루리라.

그대는 이미 모든 서원바다를 출생하였고
그대는 이미 삼매바다에 들어갔으니
마땅히 갖가지 큰 신통과
불가사의한 모든 부처님의 법을 구족하리라.

구경법계의 부사의함에
광대하고 깊은 마음이 이미 청정했으니
널리 시방 일체 부처님의
때를 여읜 장엄의 온갖 세계바다를 보도다.

여이입아보리행
汝已入我菩提行과

석시본사방편해
昔時本事方便海하야

여아수행소정치
如我修行所淨治하니

여시묘행여개오
如是妙行汝皆悟로다

아어무량일일찰
我於無量一一刹에

종종공양제불해
種種供養諸佛海호니

여피수행소득과
如彼修行所得果의

여시장엄여함견
如是莊嚴汝咸見이로다

광대겁해무유진
廣大劫海無有盡에

일체찰중수정행
一切刹中修淨行하야

견고서원불가사
堅固誓願不可思니

당득여래차신력
當得如來此神力이로다

그대는 이미 나의 보리행과
옛적 본사의 방편바다에 들어가서
내가 수행하여 깨끗하게 닦은 것과 같으니
이러한 미묘한 행을 그대가 다 깨달았도다.

내가 한량없는 낱낱 세계에
갖가지로 모든 부처님바다에 공양하였으니
그와 같은 수행으로 얻은 과보의
이러한 장엄을 그대가 다 보았도다.

다함없는 광대한 겁바다의
일체 세계에서 깨끗한 행을 닦아서
견고한 서원이 불가사의하니
여래의 이러한 위신력을 마땅히 얻으리라.

제불공양진무여
諸佛供養盡無餘하고

국토장엄실청정
國土莊嚴悉淸淨하야

일체겁중수묘행
一切劫中修妙行호니

여당성불대공덕
汝當成佛大功德이로다

제불자　바라밀선안장엄왕여래　입열반
諸佛子야 **波羅蜜善眼莊嚴王如來**가 **入涅槃**

이　희견선혜왕　심역거세　대위광동자
已에 **喜見善慧王**이 **尋亦去世**하니 **大威光童子**가

수전륜왕위
受轉輪王位하니라

피마니화지륜대림중　제삼여래　출현어
彼摩尼華枝輪大林中에 **第三如來**가 **出現於**

모든 부처님께 다 남김없이 공양올리고
국토의 장엄을 다 청정하게 하여
일체 겁 동안 미묘한 행을 닦았으니
그대는 마땅히 부처님의 큰 공덕을 이루리라.

　모든 불자들이여, 바라밀선안장엄왕 여래께서 열반에 드시고 나서, 희견선혜왕이 얼마 되지 아니하여 또한 세상을 버리니, 대위광 동자가 전륜왕의 자리를 이어받았다.

　저 마니화지륜 큰 숲 가운데 세 번째 여래께서 세상에 출현하시니 이름이 최승공덕해이

세   명최승공덕해
世하시니 名最勝功德海라

시   대위광전륜성왕   견피여래   성불지
時에 大威光轉輪聖王이 見彼如來의 成佛之

상   여기권속   급사병중   성읍취락   일
相하고 與其眷屬과 及四兵衆과 城邑聚落에 一

체인민   병지칠보   구왕불소   이일체
切人民으로 幷持七寶하고 俱往佛所하야 以一切

향마니장엄대누각   봉상어불
香摩尼莊嚴大樓閣으로 奉上於佛하니라

시피여래   어기림중   설보살보안광명행
時彼如來가 於其林中에 說菩薩普眼光明行

수다라   세계미진수수다라   이위권속
修多羅하시니 世界微塵數修多羅로 而爲眷屬이라

시다.

그때에 대위광 전륜성왕이 저 여래께서 성불하시는 모습을 보고, 그의 권속들과 사병들과 성읍과 마을의 일체 인민과 더불어 칠보를 가지고 함께 부처님 처소에 가서, 일체 향마니로 장엄한 큰 누각을 부처님께 받들어 올렸다.

그때에 그 여래께서 그 숲속에서 보살보안광명행 수다라를 말씀하시니, 세계 미진수의 수다라가 권속이 되었다.

그때에 대위광 보살이 이 법을 듣고 나서 삼

이시　　대위광보살　　문차법이　　득삼매
爾時에 大威光菩薩이 聞此法已하고 得三昧하니

명대복덕보광명　　　득차삼매고　　실능요지
名大福德普光明이라 得此三昧故로 悉能了知

일체보살　　일체중생　　과현미래복비복해
一切菩薩과 一切衆生의 過現未來福非福海하니라

시　　피불　　위대위광보살　　　이설송언
時에 彼佛이 爲大威光菩薩하사 而說頌言하시니라

선재복덕대위광　　　여등금래지아소
善哉福德大威光이여 汝等今來至我所하야

민념일체중생해　　　발승보리대원심
愍念一切衆生海하야 發勝菩提大願心이로다

54

매를 얻었으니 이름이 대복덕보광명이다. 이 삼매를 얻은 까닭에 일체 보살과 일체 중생의 과거와 현재와 미래의 복과 복 아닌 바다를 모두 능히 분명하게 알았다.

그때에 그 부처님께서 대위광 보살을 위하여 게송을 설하여 말씀하셨다.

훌륭하도다, 복덕의 대위광이여
그대들이 지금 나의 처소에 이르러 와서
일체 중생바다를 불쌍히 생각하여
수승한 보리와 큰 서원의 마음을 내었도다.

여위일체고중생
汝爲一切苦衆生하야

기대비심영해탈
起大悲心令解脱하니

당작군미소의호
當作群迷所依怙라

시명보살방편행
是名菩薩方便行이로다

약유보살능견고
若有菩薩能堅固하야

수제승행무염태
修諸勝行無厭怠하면

최승최상무애해
最勝最上無礙解인

여시묘지피당득
如是妙智彼當得이로다

복덕광자복당자
福德光者福幢者와

복덕처자복해자
福德處者福海者인

보현보살소유원
普賢菩薩所有願에

시여대광능취입
是汝大光能趣入이로다

그대가 일체 고통받는 중생을 위해
대비심을 일으켜 해탈하게 하여
마땅히 미혹한 이들의 의지가 되리니
이 이름이 보살의 방편행이로다.

만약 어떤 보살이 능히 견고하여
모든 수승한 행을 닦아 게으름이 없으면
가장 수승하고 가장 높은 걸림없는 이해인
이러한 묘한 지혜를 그가 마땅히 얻으리라.

복덕의 광명과 복덕의 깃대와
복덕의 처소와 복덕의 바다인
보현보살의 서원에
그대 대위광도 능히 들어갔도다.

여능이차광대원
汝能以此廣大願으로

입부사의제불해
入不思議諸佛海하니

제불복해무유변
諸佛福海無有邊이어늘

여이묘해개능견
汝以妙解皆能見이로다

여어시방국토중
汝於十方國土中에

실견무량무변불
悉見無量無邊佛하니

피불왕석제행해
彼佛往昔諸行海여

여시일체여함견
如是一切汝咸見이로다

약유주차방편해
若有住此方便海하면

필득입어지지중
必得入於智地中하리니

차시수순제불학
此是隨順諸佛學이라

결정당성일체지
決定當成一切智로다

그대가 능히 이 광대한 서원으로
부사의한 모든 부처님바다에 들어가니
모든 부처님의 복바다가 끝이 없으나
그대가 미묘한 이해로 다 능히 보도다.

그대가 시방 국토 가운데
한량없고 가없는 부처님을 다 친견하니
그 부처님의 지난 옛적 모든 행바다의
이러한 일체를 그대가 다 보도다.

만약 이 방편바다에 머무르면
반드시 지혜의 땅에 들어가리니
이것은 모든 부처님을 따라 배움이라
결정코 마땅히 일체 지혜를 이루리라.

여어일체찰해중
汝於一切刹海中에

미진겁해수제행
微塵劫海修諸行하니

일체여래제행해
一切如來諸行海를

여개학이당성불
汝皆學已當成佛이로다

여여소견시방중
如汝所見十方中에

일체찰해극엄정
一切刹海極嚴淨하야

여찰엄정역여시
汝刹嚴淨亦如是하니

무변원자소당득
無邊願者所當得이로다

금차도량중회해
今此道場衆會海가

문여원이생흔락
聞汝願已生欣樂하고

개입보현광대승
皆入普賢廣大乘하야

발심회향취보리
發心迴向趣菩提로다

그대는 일체 세계바다 가운데서

미진 겁바다 동안 모든 행을 닦았으니

일체 여래의 모든 행바다를

그대가 다 배우고서 마땅히 성불하리라.

그대가 본 시방 가운데

일체 세계바다가 다 장엄하여 깨끗하듯이

그대 세계의 장엄하여 깨끗함도 이와 같으니

가없는 원력자가 마땅히 얻을 바로다.

지금 이 도량의 대중모임바다가

그대의 서원을 듣고 나서 기뻐 즐거워하며

보현의 광대한 수레에 다 들어가서

발심하고 회향하여 보리에 나아가도다.

무변국토일일중
無邊國土一一中에

실입수행경겁해
悉入修行經劫海하야

이제원력능원만
以諸願力能圓滿

보현보살일체행
普賢菩薩一切行이로다

제불자 피마니화지륜대림중 부유불
諸佛子야 彼摩尼華枝輪大林中에 復有佛

출 호 명칭보문연화안당
出하시니 号가 名稱普聞蓮華眼幢이시니라

시시 대위광 어차명종 생수미산상적정
是時에 大威光이 於此命終에 生須彌山上寂靜

보궁천성중 위대천왕 명이구복덕당
寶宮天城中하야 爲大天王하니 名離垢福德幢이라

공제천중 구예불소 우보화운 이위
共諸天衆으로 俱詣佛所하야 雨寶華雲하야 以爲

가없는 국토의 낱낱 가운데
다 들어가 겁바다를 지내도록 수행하여
모든 원력으로 능히
보현보살의 일체 행을 원만히 하였도다.

모든 불자들이여, 저 마니화지륜 큰 숲 가운데서 다시 부처님께서 출현하시니 명호가 명칭보문연화안당이시다.

이때에 대위광이 여기에서 목숨을 마치고 수미산 위의 적정보궁천성 가운데 태어나 대천왕이 되었으니 이름이 이구복덕당이었다. 모든 하늘대중들과 함께 부처님 처소에 나아가

공양
供養하니라

시피여래　　위설광대방편보문변조수다
時彼如來가　**爲說廣大方便普門徧照修多**

라　　　　세계해미진수수다라　이위권속
羅하시니　**世界海微塵數修多羅**로　**而爲眷屬**이라

시　천왕중　문차경이　　득삼매　　명보문
時에　**天王衆**이　**聞此經已**하고　**得三昧**하니　**名普門**

환희장　　이삼매력　　능입일체법실상해
歡喜藏이라　**以三昧力**으로　**能入一切法實相海**하고

획시익이　종도량출　　환귀본처
獲是益已에　**從道場出**하야　**還歸本處**하니라

〈大方廣佛華嚴經　卷第十一〉

보배 꽃구름을 비내려 공양올렸다.

  그때에 그 여래께서 위하여 광대방편보문변조 수다라를 설하시니, 세계바다 미진수의 수다라가 권속이 되었다.

  그때에 천왕 대중들이 이 경을 듣고서 삼매를 얻었으니 이름이 보문환희장이며, 삼매의 힘으로 능히 일체 법의 실상바다에 들어갔다. 이러한 이익을 얻고 나서 도량에서 나와 본래 자리로 되돌아갔다.”

〈대방광불화엄경 제11권〉

大方廣佛華嚴經

——

부록

·

대방광불화엄경 목차

·

간행사

대방광불화엄경
목차

간 행 사

귀의삼보 하옵고,

『대방광불화엄경』의 수지 독송과 유통을 발원하면서 수미정사 불전연구원에서 『독송본 한문·한글역 대방광불화엄경』과 『사경본 한글역 대방광불화엄경』을 편찬하여 간행하게 되었습니다.

『화엄경』은 우리나라에 전래된 이래 일찍부터 사경되고 주석·강설되어 왔으며 근현대에 이르러서는 『화엄경』의 한글 번역과 연구도 부쩍 많이 이루어졌습니다. 그만큼 『화엄경』이 우리 불자님들의 신행과 해탈에 큰 의지처가 되었던 것임을 알 수 있습니다.

『화엄경』을 독송하고 사경하는 공덕은 설법 공덕과 함께 크게 강조되어 왔습니다. 그리하여 수미정사 불전연구원에서도 『화엄경』(80권)을 독송하고 사경하는 데 도움이 되도록 한문 원문과 한글역을 함께 수록한 독송본과 한글역의 사경본 『화엄경』 간행불사를 발원하였습니다. 이 『화엄경』 간행불사에 뜻을 같이하여 적극 후원해주신 스님들과 재가 불자님들께 깊이 감사드립니다. 또한 『화엄경』을 수지 독송할 수 있도록 경책의 모습으로 장엄해 주신 편집위원들과 담앤북스 출판사 관계자들께도 고마움을 표합니다.

끝으로 이 불사의 원만 회향으로 『화엄경』이 널리 유통되고, 온 법계에 부처님의 가피가 충만하시길 기원드립니다.

나무 대방광불화엄경

불기 2564년 '부처님오신날'을 봉축하며
수미해주 합장

위태천신(동진보살)

수미해주 須彌海住

동국대학교 명예교수
중앙승가대학교 법인이사
대한불교조계종 수미정사 주지

독송본 한문·한글역
대방광불화엄경 제11권

| **초판 1쇄 발행_** 2021년 3월 2일

| **엮은이_** 수미해주
| **엮은곳_** 수미정사 불전연구원
| **편집위원_** 해주 수정 경진 선초 정천 석도 박보람 최원섭
| **편집보_** 무이 무진 김지예

| **펴낸이_** 오세룡
| **펴낸곳_** 담앤북스
　　　　　 서울특별시 종로구 새문안로3길 23 경희궁의 아침 4단지 805호
　　　　　 대표전화 02)765-1251　전자우편 damnbooks@hanmail.net
　　　　　 출판등록 제300-2011-115호
| **ISBN_** 979-11-6201-275-8　04220

정가 15,000원
ⓒ 수미해주 2021